Comment Générer du Trafic [BLOGGING DÉBUTANT]

Techniques Ultimes pour Booster la Visibilité de Votre Blog

CLEMENTINE SINCLAIR

Table des matières :

Introduction : Comment Générer du Trafic : Techniques Ultimes pour Booster la Visibilité de Votre Blog

Maîtriser le SEO pour dominer les résultats de recherche

    1. Effectuer une recherche de mots-clés approfondie

    2. Optimiser votre contenu pour les featured snippets

Exploiter le potentiel des réseaux sociaux

    1. Créer une stratégie de contenu spécifique à chaque plateforme

    2. Utiliser les fonctionnalités avancées (Stories, Reels, etc.)

Développer une stratégie de marketing de contenu efficace

    1. Développer une stratégie de marketing de contenu efficace

    2. Créer du contenu evergreen et des articles piliers

    3. Mettre en place une stratégie de content upgrade

Tirer parti du marketing par e-mail

    1. Construire une liste d'abonnés qualifiés

2. Créer des séquences d'e-mails engageantes

3. Mettre en place des séquences d'e-mails spécifiques (nurturing et conversion)

Utiliser le marketing d'influence pour élargir votre portée

1. Identifier les influenceurs pertinents

2. Approcher les influenceurs de manière professionnelle

3. Créer des campagnes de collaboration mutuellement bénéfiques

Optimiser votre présence sur les plateformes de partage de contenu

1. Republier stratégiquement sur Medium, LinkedIn, etc.

2. Créer du contenu spécifique pour les plateformes vidéo (YouTube, TikTok)

3. Conseils supplémentaires pour une stratégie vidéo réussie

Exploiter le potentiel du marketing de communauté

1. Participer activement aux forums et groupes de discussion

2. Organiser des événements en ligne pour engager votre audience

Conclusion : Atteindre des Sommets avec une Stratégie de Trafic Éprouvée

Copyright © 2024

Tous droits réservés.

Tous droits de reproduction, d'adaptation et de traduction, intégrale ou partielle réservés pour tous pays. L'auteur est seul propriétaire des droits et responsable du contenu de ce livre.

Le Code de la propriété intellectuelle interdit les copies ou reproductions destinées à une utilisation collective. Toute représentation ou reproduction intégrale ou partielle faite par quelque procédé que ce soit, sans le consentement de l'auteur ou de ses ayant droit ou ayant cause, est illicite et constitue une contrefaçon, aux termes des articles L.335-2 et suivants du Code de la propriété intellectuelle.

Introduction : Comment Générer du Trafic : Techniques Ultimes pour Booster la Visibilité de Votre Blog

Dans un monde où des millions de blogs sont créés chaque jour, la vraie question n'est plus seulement de savoir comment écrire du bon contenu, mais comment rendre ce contenu visible. C'est là que réside tout l'enjeu de ce livre : vous guider à travers les techniques les plus efficaces pour attirer du trafic qualifié sur votre blog et développer votre audience.

Vous avez peut-être déjà entendu parler de SEO, de marketing de contenu ou de réseaux sociaux, mais ce livre va bien au-delà des bases. Il vous propose une approche stratégique et actionnable pour vous permettre de dominer les résultats de recherche, d'exploiter le potentiel des plateformes sociales et de créer des contenus durables qui attirent et convertissent.

Au fil des chapitres, vous découvrirez comment :

- Maîtriser les techniques de référencement naturel (SEO) pour optimiser chaque page de votre blog.
- Utiliser les mots-clés et optimiser votre contenu pour apparaître dans les featured snippets, ces précieuses réponses directes affichées par Google.
- Créer une présence impactante sur les réseaux sociaux en adaptant votre stratégie de contenu à chaque plateforme, des Stories d'Instagram aux Reels de TikTok.
- Mettre en place une stratégie de marketing par e-mail et construire une liste d'abonnés fidèles, tout en utilisant le pouvoir des influenceurs et des communautés pour élargir votre portée.

Chaque technique que nous allons explorer a été testée et approuvée par les meilleurs experts du domaine. Que vous débutiez tout juste dans le monde du blogging ou que vous cherchiez à booster un blog existant, ce guide pratique vous apportera les outils nécessaires pour atteindre vos objectifs.

Préparez-vous à apprendre, à expérimenter, et surtout à voir des résultats concrets dans l'évolution de votre trafic et de votre audience.

Maîtriser le SEO pour dominer les résultats de recherche

Le SEO (Search Engine Optimization), ou optimisation pour les moteurs de recherche, est le pilier fondamental pour générer du trafic organique durable et qualifié. Lorsque vous maîtrisez le SEO, vous vous assurez que votre blog se distingue dans la mer de contenus disponibles sur le web. Mais pour réellement dominer les résultats de recherche, vous devez aller au-delà des pratiques courantes et comprendre les subtilités des algorithmes des moteurs de recherche. Ce chapitre détaille les étapes essentielles pour structurer une stratégie SEO solide.

1. Effectuer une recherche de mots-clés approfondie

La base de toute stratégie SEO réussie repose sur une recherche de mots-clés exhaustive. Les mots-clés sont les termes ou expressions que les internautes tapent dans les moteurs de recherche pour trouver des informations. Une recherche efficace permet de cibler les bons termes et de créer un contenu qui répond directement aux besoins des utilisateurs.

a. Choisir les bons outils

Les outils de recherche de mots-clés sont essentiels pour identifier des termes pertinents et analyser leur potentiel. Parmi les outils les plus populaires, on trouve :

- **Google Keyword Planner** : fournit des estimations du volume de recherche et des tendances pour des mots-clés spécifiques.
- **Ubersuggest** : propose des idées de mots-clés et montre les performances SEO des concurrents.
- **Ahrefs** et **SEMrush** : analysent le trafic, la compétitivité des mots-clés et proposent des mots associés.

b. Analyser la compétitivité des mots-clés

Pour bien choisir vos mots-clés, il est important de trouver un équilibre entre **volume de recherche** et **difficulté**. Les mots-clés très compétitifs sont souvent dominés par des sites établis. Cherchez des termes à **longue traîne** (long-tail keywords), plus spécifiques, avec un volume de recherche moyen mais une concurrence moindre. Par exemple, au lieu de viser le mot-clé général "fitness", préférez "meilleurs exercices de fitness pour débutants".

c. Identifier l'intention de recherche

Chaque mot-clé est lié à une intention de recherche. Les intentions de recherche se divisent en quatre grandes catégories :

- **Informative** : l'utilisateur cherche une information (ex : "qu'est-ce que le SEO").
- **Navigationnelle** : l'utilisateur cherche à atteindre un site ou une page spécifique (ex : "connexion Gmail").
- **Transactionnelle** : l'utilisateur cherche à acheter quelque chose (ex : "acheter des chaussures de running").
- **Commerciale** : l'utilisateur compare des options (ex : "meilleure montre connectée 2024").

Assurez-vous que vos mots-clés correspondent à l'intention de recherche de votre audience cible. Cela augmentera vos chances de conversion et améliorera votre classement dans les résultats de recherche.

d. Explorer les mots-clés des concurrents

Étudiez les mots-clés pour lesquels vos concurrents se classent bien. Utilisez des outils comme **Ahrefs** pour analyser leur trafic et découvrir des opportunités de mots-clés sur lesquels vous pouvez vous positionner. Repérez les lacunes dans leurs contenus et comblez-les avec des articles plus complets et mieux optimisés.

2. Optimiser votre contenu pour les featured snippets

Les featured snippets sont des extraits en tête des résultats de recherche qui répondent directement à une question posée par l'utilisateur. Atteindre cette position vous permet d'obtenir une visibilité accrue, car ces snippets apparaissent avant même le premier résultat organique.

a. Identifier les opportunités de featured snippets

Toutes les requêtes ne sont pas éligibles pour un featured snippet. Les meilleurs types de contenu pour les snippets sont :

- **Questions** : "Comment", "Qu'est-ce que", "Pourquoi", etc.
- **Listes** : Les listes à puces ou numérotées, idéales pour des étapes, des recettes, ou des conseils.

- **Tableaux** : Comparaison de prix, d'options ou d'attributs.

Utilisez des outils comme **SEMrush** ou **Ahrefs** pour analyser les requêtes où des featured snippets sont déjà présents et déterminez si votre blog peut les cibler.

b. Créer du contenu concis et structuré

Les moteurs de recherche privilégient les contenus qui répondent directement aux questions des utilisateurs. Pour maximiser vos chances d'atteindre un featured snippet, structurez vos articles de façon claire et logique :

- **Répondez directement à la question** posée en moins de 50 mots dans le premier paragraphe.
- **Utilisez des sous-titres H2 et H3** pour structurer vos idées et permettre aux moteurs de recherche de mieux comprendre l'organisation de votre contenu.
- **Intégrez des listes à puces** ou des numéros pour les étapes, et des tableaux pour des comparaisons.

c. Optimiser les paragraphes d'introduction

L'une des meilleures stratégies pour apparaître dans un snippet consiste à **répondre rapidement à la question dans l'introduction** de votre contenu. Par exemple, si vous ciblez le mot-clé "qu'est-ce que le SEO", votre introduction devrait directement fournir une définition claire avant de développer davantage dans le corps du texte.

d. Ajouter des visuels optimisés

Parfois, les featured snippets incluent des images. Ajoutez des images pertinentes avec des descriptions optimisées pour le SEO, en utilisant des balises **alt** qui décrivent précisément le contenu visuel. Une image bien choisie et optimisée peut améliorer vos chances d'apparaître dans les résultats enrichis.

e. Réviser et mettre à jour régulièrement

Les moteurs de recherche privilégient les contenus récents et pertinents. Assurez-vous de **mettre à jour régulièrement vos articles** qui se positionnent déjà bien ou qui ont le potentiel d'atteindre les featured snippets. Intégrez de nouvelles informations, des statistiques récentes, ou réorganisez le contenu pour améliorer sa lisibilité.

Maîtriser le SEO ne se fait pas du jour au lendemain, mais en suivant une méthode rigoureuse, en effectuant une recherche de mots-clés minutieuse et en optimisant intelligemment votre contenu, vous pouvez dominer les résultats de recherche. En adoptant une approche ciblée et en visant les featured snippets, vous maximiserez non seulement votre visibilité, mais également la qualité de votre trafic, attirant ainsi une audience prête à s'engager avec votre contenu.

Exploiter le potentiel des réseaux sociaux

Les réseaux sociaux sont devenus des canaux incontournables pour accroître la visibilité de votre blog. Cependant, il ne suffit pas de partager des liens vers vos articles. Chaque plateforme a ses propres caractéristiques, et pour maximiser votre impact, il est essentiel d'adapter votre stratégie à chacune d'elles. Dans ce chapitre, vous apprendrez à tirer parti des spécificités des principales plateformes sociales, à créer du contenu adapté et à utiliser leurs fonctionnalités avancées pour engager votre audience et attirer du trafic vers votre blog.

1. Créer une stratégie de contenu spécifique à chaque plateforme

Toutes les plateformes sociales ne sont pas identiques. Un contenu efficace sur Instagram pourrait ne pas fonctionner sur LinkedIn ou Twitter. Pour exploiter pleinement le potentiel des réseaux sociaux, il est crucial de comprendre les forces de chaque plateforme et d'adapter votre stratégie en conséquence.

a. Instagram : la puissance du visuel

Instagram est centré sur le contenu visuel : photos, vidéos courtes et infographies. Pour attirer et retenir l'attention, misez sur des visuels de haute qualité et une esthétique cohérente qui reflètent l'image de votre blog.

- **Créez des visuels impactants** : utilisez des outils comme Canva ou Photoshop pour créer des images attrayantes qui accompagnent vos articles.
- **Rédigez des légendes captivantes** : accompagnez chaque publication d'une légende engageante qui encourage les utilisateurs à interagir (likes, commentaires, partages).
- **Utilisez des hashtags pertinents** : faites des recherches sur les hashtags tendance dans votre niche pour toucher une audience plus large.

b. Twitter : l'instantanéité et l'interaction rapide

Twitter est parfait pour partager des réflexions courtes, des actualités ou des extraits d'articles. La plateforme valorise l'interaction rapide et les discussions en temps réel.

- **Créez des tweets percutants** : limitez-vous à des phrases courtes et impactantes, accompagnées d'un lien vers votre blog.
- **Participez aux discussions** : répondez aux tweets pertinents dans votre domaine et n'hésitez pas à poser des questions pour encourager l'interaction.
- **Utilisez des threads** : développez vos idées ou racontez une histoire liée à vos articles à travers un thread (suite de tweets), en reliant chaque tweet au suivant pour maintenir l'intérêt.

c. LinkedIn : le réseau professionnel

LinkedIn est une plateforme professionnelle idéale pour partager des articles approfondis, des études de cas, et des réflexions sur les tendances de votre secteur.

- **Publiez des articles longs** : LinkedIn permet de rédiger des articles de blog directement sur la plateforme, ce qui peut aider à toucher une audience professionnelle sans quitter le réseau.
- **Adoptez un ton professionnel** : soyez plus formel et orientez votre contenu vers des problématiques spécifiques au monde du travail.
- **Interagissez avec les leaders d'opinion** : commentez les publications

des influenceurs et experts de votre domaine pour augmenter votre visibilité.

d. Facebook : la diversité du format

Facebook permet de publier divers types de contenus (articles, vidéos, événements, etc.) et reste un excellent outil pour construire une communauté autour de votre blog.

- **Créez des publications variées** : alternez entre des articles, des vidéos courtes, et des images pour maintenir l'attention de votre audience.
- **Utilisez les groupes Facebook** : rejoignez ou créez des groupes thématiques liés à votre niche, et partagez vos articles avec des personnes intéressées.
- **Organisez des événements en ligne** : lancez des webinaires ou des sessions de Q&A (questions-réponses) pour interagir directement avec vos lecteurs et renforcer l'engagement.

e. Pinterest : l'outil de découverte visuelle

Pinterest est une plateforme axée sur la découverte d'idées et l'inspiration. Il est particulièrement utile pour les blogs dans les

- **Collaborez avec d'autres influenceurs** : organisez des Lives avec d'autres blogueurs ou experts pour mutualiser vos audiences respectives.

Exploiter le potentiel des réseaux sociaux ne consiste pas à publier le même contenu sur toutes les plateformes, mais à adapter votre stratégie en fonction des spécificités de chaque réseau. En diversifiant vos formats – qu'il s'agisse de Stories, de Reels, de vidéos ou de Lives – et en personnalisant vos approches, vous pourrez toucher une audience plus large et améliorer l'engagement envers votre blog. L'utilisation de ces fonctionnalités avancées vous permet de renforcer votre présence en ligne et de générer plus de trafic vers votre contenu, tout en fidélisant une communauté active et impliquée.

30 secondes. Par exemple, vous pouvez présenter les "5 étapes pour améliorer votre SEO" sous forme de Reels.
- **Utilisez les effets et musiques tendance** : tirez parti des fonctionnalités de montage, des filtres, et des musiques populaires pour rendre vos vidéos plus engageantes.
- **Encouragez l'engagement** : terminez vos vidéos avec un appel à l'action clair, invitant les spectateurs à visiter votre blog pour plus d'informations.

c. Les Lives (Instagram, Facebook, YouTube)

Le contenu en direct est une façon puissante de créer une connexion immédiate avec votre audience. Les Lives permettent une interaction en temps réel, que ce soit pour répondre à des questions ou partager des informations.

- **Organisez des sessions de questions-réponses** : proposez à votre audience de poser des questions en direct sur un sujet que vous maîtrisez, ce qui vous permet d'instaurer une relation plus personnelle.
- **Faites des annonces exclusives** : utilisez les Lives pour dévoiler du contenu inédit, lancer un nouveau projet ou présenter un produit lié à votre blog.

Elles permettent d'interagir avec votre audience de manière plus authentique et immédiate.

- **Partagez des coulisses** : montrez les coulisses de la création de vos articles ou de votre vie de blogueur, cela humanise votre marque.
- **Utilisez les sondages et questions** : les fonctionnalités interactives comme les sondages ou les questions permettent d'encourager l'engagement et d'en apprendre plus sur les attentes de votre audience.
- **Promouvez vos nouveaux articles** : utilisez des Stories pour teaser vos nouveaux contenus avec des liens directs vers vos articles grâce à la fonction "Swipe Up" (disponible à partir de 10 000 abonnés).

b. Reels (Instagram) et TikTok : la vidéo courte et dynamique

Les Reels et les vidéos TikTok permettent de capturer l'attention en moins de 60 secondes grâce à des contenus courts, rythmés, et souvent divertissants. Ces formats sont particulièrement populaires auprès des jeunes générations.

- **Créez des tutoriels courts** : décomposez des concepts ou des idées complexes en segments vidéo de 15 à domaines de la cuisine, de la mode, du design, et du lifestyle.

- **Créez des épingles attrayantes** : utilisez des images verticales de haute qualité et intégrez du texte pour donner un aperçu rapide de l'article.
- **Organisez vos tableaux** : regroupez vos épingles par thématique pour rendre vos contenus faciles à découvrir.
- **Utilisez des descriptions optimisées pour le SEO** : les descriptions de vos épingles doivent contenir des mots-clés pertinents pour améliorer leur visibilité dans les recherches.

2. Utiliser les fonctionnalités avancées (Stories, Reels, etc.)

Les réseaux sociaux ont beaucoup évolué, introduisant des fonctionnalités avancées comme les Stories, Reels, et Lives. Ces formats interactifs et éphémères offrent une opportunité unique d'engager votre audience d'une manière plus personnelle et immersive.

a. Les Stories (Instagram, Facebook)

Les Stories sont des contenus visuels éphémères qui disparaissent après 24 heures.

Développer une stratégie de marketing de contenu efficace

Un marketing de contenu bien pensé est la clé pour attirer un public cible, le convertir en lecteurs fidèles, et maximiser la visibilité de votre blog sur le long terme. Pour y parvenir, il est essentiel de planifier une stratégie cohérente et actionnable, en vous concentrant sur la création de contenu de haute qualité, durable et régulièrement optimisé. Ce chapitre vous guidera à travers les étapes essentielles pour développer une stratégie de marketing de contenu, créer du contenu evergreen et des articles piliers, et maximiser votre retour sur investissement grâce à une stratégie de **content upgrade**.

1. Développer une stratégie de marketing de contenu efficace

Le marketing de contenu ne se limite pas à écrire des articles. Il s'agit de créer un écosystème de contenu pertinent qui répond aux besoins de votre audience, tout en supportant vos objectifs commerciaux. Voici les étapes concrètes pour établir une stratégie de contenu efficace.

a. Définir vos objectifs

Avant de commencer à produire du contenu, vous devez clairement identifier vos objectifs. Que cherchez-vous à accomplir avec votre blog ? Quelques exemples :

- **Attirer plus de trafic** : Le contenu doit être optimisé pour les moteurs de recherche et partageable sur les réseaux sociaux.
- **Générer des leads** : Le contenu doit inclure des appels à l'action et des formulaires pour capturer des informations sur vos visiteurs.
- **Éduquer votre audience** : Le contenu doit être informatif, utile, et pertinent pour répondre aux questions de vos lecteurs.

b. Connaître votre audience

Votre contenu doit être conçu spécifiquement pour votre public cible. Développez des **personas** pour mieux comprendre qui est votre audience : leur âge, leurs intérêts, leurs défis, et leurs comportements en ligne. Cela vous permettra de créer du contenu qui répond à leurs attentes tout en étant en adéquation avec vos objectifs.

c. Choisir les bons formats

Le format de votre contenu joue un rôle crucial dans son succès. Diversifiez vos formats pour attirer différents types de consommateurs :

- **Articles de blog** pour approfondir les sujets.
- **Infographies** pour résumer visuellement des informations complexes.
- **Vidéos** pour capter l'attention rapidement et toucher les amateurs de contenu visuel.
- **Podcasts** pour atteindre une audience qui préfère écouter plutôt que lire.

d. Planifier un calendrier éditorial

Un calendrier éditorial est essentiel pour maintenir la cohérence et la régularité de vos publications. Planifiez à l'avance les sujets, les formats, et les dates de publication pour avoir une vue d'ensemble de votre stratégie et éviter de manquer des occasions clés (saisons, événements spéciaux).

- **Variez les types de contenu** : mélangez contenus evergreen, articles d'actualité, guides pratiques et interviews.

- **Incluez des actions SEO** dans votre calendrier : identifiez les moments clés pour réévaluer et optimiser vos articles existants.

e. Analyser et ajuster

Votre stratégie de marketing de contenu doit être flexible et adaptable. Utilisez des outils d'analyse comme **Google Analytics** ou **SEMrush** pour suivre la performance de vos articles (trafic, temps passé sur la page, taux de rebond) et ajustez votre stratégie en conséquence.

- **Testez différents types de contenu** pour voir ce qui fonctionne le mieux.
- **Optimisez les articles performants** pour maintenir leur pertinence en ajoutant des informations nouvelles ou des liens internes.

2. Créer du contenu evergreen et des articles piliers

Le contenu evergreen est un contenu qui reste pertinent et utile au fil du temps, contrairement aux articles d'actualité ou aux tendances passagères. Créer du contenu evergreen vous permet d'attirer du trafic organique régulier et durable. Les **articles piliers**, quant à eux, sont des ressources complètes qui servent de référence dans votre niche.

a. Choisir des sujets durables

Identifiez des sujets qui restent pertinents dans votre domaine, indépendamment des changements ou des tendances. Par exemple :

- **Guide ultime** sur un sujet clé de votre niche.
- **Tutoriels étape par étape** qui résolvent des problèmes courants.
- **Listes de ressources** ou d'outils indispensables. Ces sujets doivent être basés sur des besoins ou des questions que votre audience pose fréquemment, comme des informations sur les bases d'un domaine, des solutions à des problèmes courants, ou des recommandations sur des pratiques durables.

b. Créer des articles piliers

Un article pilier est généralement plus long et détaillé qu'un article classique, couvrant un sujet en profondeur pour en faire une ressource complète. Les articles piliers agissent comme des aimants à trafic et des hubs de liens internes.

- **Structurez votre contenu** en sous-titres pour faciliter la lecture et le référencement.
- **Incluez des infographies ou des vidéos** pour rendre l'article plus attractif et engageant.
- **Optimisez l'article pour le SEO** en utilisant des mots-clés pertinents, en ajoutant des liens internes vers d'autres articles de votre blog, et en incluant des backlinks vers des ressources externes fiables.

c. Mettre à jour régulièrement vos articles evergreen

Bien que ces articles soient conçus pour être durables, cela ne signifie pas qu'ils ne nécessitent jamais de mises à jour. Ajoutez régulièrement des informations nouvelles, ajustez les statistiques, ou changez des éléments visuels pour maintenir la pertinence du contenu.

- **Ajoutez des liens internes vers de nouveaux articles** pour continuer à faire vivre vos articles piliers et les rendre plus utiles.
- **Surveillez les performances SEO** de vos articles evergreen et ajustez-les en fonction des nouvelles données.

3. Mettre en place une stratégie de content upgrade

Le **content upgrade** est une technique puissante pour augmenter les conversions et bâtir une liste d'abonnés qualifiés. Il s'agit d'offrir du contenu supplémentaire ou exclusif à vos lecteurs en échange de leur adresse e-mail.

a. Proposer des bonus contextuels

Le content upgrade fonctionne particulièrement bien lorsqu'il est lié à un article spécifique. Il peut s'agir d'une feuille de calcul téléchargeable, d'un e-book, d'un guide pratique, ou d'une liste de vérification qui complète l'article en question.

Exemple : Si vous écrivez un article sur "Comment planifier un calendrier éditorial", offrez une feuille de calcul personnalisable pour créer un calendrier éditorial sur mesure.

b. Créer des formulaires d'inscription ciblés

Utilisez des **formulaires d'inscription contextuels**, intégrés directement dans vos articles, pour proposer votre content upgrade. Ces formulaires doivent être placés à des moments stratégiques, par exemple :

- **À mi-chemin de l'article** lorsque le lecteur est engagé.
- **Dans un pop-up** qui s'active après un certain temps passé sur la page ou lorsque l'utilisateur s'apprête à quitter la page.

c. Automatiser le suivi par e-mail

Une fois que le visiteur s'est inscrit pour recevoir votre content upgrade, vous devez automatiser un **suivi par e-mail** pour entretenir la relation. Voici une séquence efficace :

- **E-mail 1 : Remerciement et livraison du contenu** demandé.
- **E-mail 2 : Présentation de ressources supplémentaires** et d'articles pertinents sur votre blog.
- **E-mail 3 : Invitation à s'abonner à votre newsletter** ou à un autre contenu premium.

d. Tester et optimiser

Comme toute stratégie, le content upgrade nécessite une optimisation continue. Testez différents types de contenus (guides, listes, vidéos), divers formats d'inscription (pop-ups, bannières, formulaires intégrés), et analysez les performances.

- **A/B testez vos appels à l'action** pour identifier ceux qui génèrent le plus d'inscriptions.
- **Suivez les taux de conversion** pour chaque upgrade, et ajustez en fonction des résultats : améliorez la qualité du contenu offert ou changez la façon dont vous le proposez si les résultats sont décevants.

En suivant ces étapes, vous pouvez mettre en place une stratégie de marketing de contenu durable et performante, tout en générant des leads qualifiés grâce à des content upgrades intelligents et bien ciblés.

Tirer parti du marketing par e-mail

Le marketing par e-mail reste l'une des stratégies les plus efficaces pour fidéliser votre audience, générer des conversions et construire une relation de confiance avec vos abonnés. Contrairement aux réseaux sociaux où l'algorithme contrôle la portée de votre contenu, les e-mails arrivent directement dans la boîte de réception de votre audience. Ce chapitre vous guidera sur la manière de construire une liste d'abonnés qualifiés et de créer des séquences d'e-mails engageantes pour maximiser l'impact de votre stratégie de marketing par e-mail.

1. Construire une liste d'abonnés qualifiés

Avoir une grande liste d'abonnés ne signifie rien si ces derniers ne sont pas réellement intéressés par votre contenu. La clé d'un marketing par e-mail réussi réside dans la qualité de votre liste d'abonnés, c'est-à-dire des personnes qui sont activement engagées avec vos messages. Voici comment créer et maintenir une liste d'abonnés qualifiés.

a. Proposer une offre de valeur claire et pertinente

Les internautes ne donnent pas leur adresse e-mail sans raison. Vous devez leur offrir une valeur immédiate en échange de leurs informations de contact. Cette valeur peut prendre plusieurs formes :

- **Lead magnets :** Offrez des contenus exclusifs, tels qu'un guide, une liste de contrôle ou un e-book, qui apportent des solutions concrètes aux problèmes de votre audience.
- **Webinaires gratuits :** Organisez des sessions en direct sur des sujets qui intéressent votre audience, en exigeant une inscription par e-mail.
- **Accès à du contenu premium :** Proposez des articles, vidéos ou podcasts réservés aux abonnés.

b. Utiliser des formulaires d'inscription optimisés

L'endroit et la manière dont vous placez vos formulaires d'inscription ont un impact direct sur leur efficacité.

- **Pop-ups intelligents :** Utilisez des pop-ups qui apparaissent au bon moment, par exemple après que le lecteur ait

passé un certain temps sur la page ou lorsqu'il fait défiler l'article.
- **Formulaires intégrés :** Intégrez des formulaires d'inscription dans vos articles, particulièrement là où le contenu est engageant ou à la fin de l'article.
- **Pages de destination dédiées :** Créez des landing pages spécifiques à vos lead magnets pour maximiser les conversions.

c. Segmenter dès le début

Lorsque vous collectez des adresses e-mail, il est essentiel de segmenter votre audience en fonction de leurs centres d'intérêt ou de leurs comportements. Cela vous permettra d'envoyer des e-mails personnalisés et plus pertinents, ce qui augmentera les taux d'engagement.

Exemple : Si vous offrez différents lead magnets pour des sujets distincts, utilisez ces informations pour segmenter vos listes en fonction de l'intérêt montré par l'abonné.

d. Respecter les réglementations

Assurez-vous que votre méthode de collecte d'e-mails est conforme aux réglementations GDPR (ou autres lois locales) en matière de protection des données. Demandez un consentement explicite lors de l'inscription et donnez aux abonnés la possibilité de se désabonner facilement.

2. Créer des séquences d'e-mails engageantes

Une fois que vous avez construit une liste d'abonnés qualifiés, l'étape suivante est de maintenir l'intérêt et l'engagement de vos abonnés à travers des séquences d'e-mails bien conçues. Une bonne séquence d'e-mails est essentielle pour instaurer une relation de confiance, éduquer votre audience et les guider vers une action spécifique, qu'il s'agisse d'un achat, d'une inscription ou de tout autre objectif.

a. Établir une première impression forte avec un e-mail de bienvenue

Le premier e-mail que vous envoyez est crucial. C'est souvent l'e-mail avec le taux d'ouverture le plus élevé. Voici comment le structurer :

- Remerciez vos abonnés pour leur inscription et rappelez-leur la valeur qu'ils recevront.
- Présentez-vous et racontez brièvement votre histoire ou celle de votre blog.
- Incluez un appel à l'action qui incite à explorer davantage votre contenu (lien vers des articles clés ou une offre exclusive).

b. Construire une séquence d'e-mails de bienvenue

Après le premier e-mail, il est important de garder l'élan en envoyant une série de 3 à 5 e-mails qui éduquent votre audience et leur offrent des ressources utiles. Voici une structure efficace :

- **E-mail 2** : Partagez des ressources utiles – Proposez un contenu de qualité comme un article evergreen ou un guide pratique.
- **E-mail 3** : Racontez une histoire – Utilisez une anecdote ou un témoignage pour engager émotionnellement vos lecteurs.
- **E-mail 4** : Résolvez un problème courant – Proposez une solution concrète à un problème que rencontre souvent votre audience.
- **E-mail 5** : Proposez une offre ou une invitation à aller plus loin – Introduisez un produit, service, ou un autre contenu premium qui pourrait les intéresser.

c. Segmenter pour personnaliser vos e-mails

L'engagement est bien plus fort lorsque les e-mails sont personnalisés. Utilisez les informations collectées sur vos abonnés pour leur envoyer des messages adaptés à leurs besoins spécifiques.

- **Segmentation par comportement :** Si un abonné a téléchargé un guide spécifique, envoyez-lui des e-mails relatifs à ce sujet.
- **Segmentation par étape du parcours d'achat :** Adaptez vos e-mails selon que l'abonné est au début de son parcours (éducation sur un sujet) ou prêt à acheter (offres, démos, témoignages).

d. Utiliser des techniques d'engagement avancées

Au-delà de la segmentation, d'autres techniques vous aideront à maintenir l'attention de votre audience :

- **Automatisation des e-mails :** Créez des flux automatisés qui envoient des e-mails en fonction des actions spécifiques de l'abonné (inscription, téléchargement, clics).
- **Appels à l'action dynamiques :** Proposez des appels à l'action (CTA) différents en fonction du comportement de l'utilisateur. Par exemple, si quelqu'un a cliqué sur un lien mais n'a pas encore pris d'action, relancez-le avec une incitation supplémentaire.

- **Contenu interactif :** Intégrez des sondages, quiz ou autres éléments interactifs directement dans vos e-mails pour encourager l'engagement.

e. Analyser et ajuster vos séquences d'e-mails

Votre séquence d'e-mails doit être un processus évolutif basé sur les performances. Voici les éléments à surveiller :

- **Taux d'ouverture :** Sont-ils élevés dès le premier e-mail mais diminuent-ils rapidement ? Ajustez vos objets d'e-mails pour accroître l'intérêt.
- **Taux de clics :** Quel contenu suscite le plus d'intérêt ? Augmentez le nombre de liens vers ce type de contenu dans vos e-mails.
- **Taux de conversion :** Combien d'abonnés passent à l'action après avoir reçu vos e-mails ? Testez différentes formules de CTA ou offres pour voir ce qui fonctionne le mieux.

3. Mettre en place des séquences d'e-mails spécifiques (nurturing et conversion)

Enfin, vous pouvez aller plus loin en créant des séquences d'e-mails spécifiques à certaines actions ou objectifs :

- **Séquence de nurturing :** Pour les abonnés qui ne sont pas encore prêts à acheter, cette séquence éduque progressivement et crée de la valeur. Elle peut inclure des témoignages, des études de cas, et des réponses à des objections courantes.
- **Séquence de conversion :** Ciblez les abonnés qui ont montré un intérêt pour vos produits ou services avec des offres spéciales, des essais gratuits ou des réductions limitées dans le temps.

En suivant ces étapes, vous exploiterez tout le potentiel du marketing par e-mail pour créer des liens solides avec votre audience et maximiser les opportunités de conversion.

Utiliser le marketing d'influence pour élargir votre portée

Le marketing d'influence est devenu un levier puissant pour **amplifier la visibilité** de votre marque ou de votre blog. En s'associant à des influenceurs qui partagent déjà une relation de confiance avec leur audience, vous pouvez toucher de nouveaux segments, augmenter votre crédibilité, et générer des conversions. Cependant, pour maximiser l'impact de votre stratégie de marketing d'influence, il est essentiel de **choisir les bons influenceurs**, de **créer des campagnes pertinentes** et d'assurer une **collaboration bénéfique pour les deux parties**.

1. Identifier les influenceurs pertinents

L'une des clés du succès du marketing d'influence est de collaborer avec des personnes qui partagent les mêmes valeurs que votre marque et dont l'audience correspond à vos objectifs de visibilité. Voici un processus en étapes pour identifier les influenceurs les plus pertinents.

a. Définir vos objectifs et votre audience cible

Avant de rechercher des influenceurs, commencez par **clarifier vos objectifs**. Cherchez-vous à accroître la notoriété de votre marque, à générer des ventes, à augmenter le trafic de votre blog, ou à toucher une niche spécifique ? Ensuite, définissez clairement **qui est votre audience cible** en termes de démographie, centres d'intérêt et comportements.

b. Rechercher des influenceurs dans votre niche

Pour qu'une campagne d'influence soit efficace, il est essentiel de collaborer avec des influenceurs qui partagent les mêmes centres d'intérêt que votre audience.

- **Utiliser des plateformes spécialisées** : Outils comme BuzzSumo, HypeAuditor, ou Traackr vous permettent de rechercher des influenceurs par thématique, localisation et engagement.
- **Analyser les réseaux sociaux** : Effectuez des recherches de hashtags populaires dans votre domaine sur des plateformes comme Instagram, Twitter,

et YouTube pour identifier des créateurs de contenu actifs et pertinents.
- **Regarder les collaborations de vos concurrents** : Analysez les campagnes d'influence de vos concurrents pour repérer des influenceurs qui collaborent avec des marques similaires.

c. Évaluer la pertinence et l'engagement

Le nombre de followers d'un influenceur n'est pas le seul indicateur de succès. Un micro-influenceur (5 000 à 50 000 abonnés) peut avoir un impact plus fort s'il génère un taux d'engagement élevé avec une audience très ciblée.

- **Taux d'engagement** : Regardez les likes, commentaires, partages, et interactions dans les publications de l'influenceur. Un taux d'engagement élevé (généralement entre 3 et 5 % pour les micro-influenceurs) est un bon indicateur de la qualité de la relation entre l'influenceur et son audience.
- **Alignement des valeurs** : Analysez les contenus publiés par l'influenceur pour vous assurer que son ton, ses valeurs, et son message correspondent à ceux de votre marque.
- **Audience pertinente** : Assurez-vous que l'audience de l'influenceur

correspond à votre cible en termes de démographie et d'intérêts.

d. Éviter les faux influenceurs

Faites attention aux influenceurs qui ont gonflé artificiellement leurs statistiques en achetant des abonnés ou en utilisant des pratiques douteuses. Les **outils d'audit d'influenceurs**, comme HypeAuditor ou Social Blade, vous permettent de vérifier l'authenticité des comptes.

2. Approcher les influenceurs de manière professionnelle

Une fois les influenceurs identifiés, la manière dont vous les approchez aura un impact significatif sur la réussite de votre collaboration. Un message bien conçu, authentique et respectueux est essentiel pour capter leur intérêt.

a. Personnaliser votre approche

Les influenceurs reçoivent souvent de nombreuses sollicitations. Pour vous démarquer, évitez les messages génériques et prenez le temps de personnaliser votre approche.

- **Mentionnez leurs contenus spécifiques** : Référez-vous à une ou deux publications récentes que vous avez particulièrement appréciées et expliquez pourquoi vous pensez que votre marque pourrait être alignée avec leur audience.
- **Expliquez clairement vos objectifs** : Soyez transparent sur ce que vous attendez de la collaboration. Voulez-vous accroître la notoriété, générer des conversions, ou créer du contenu co-brandé ?
- **Proposez un échange de valeur** : Ne demandez pas simplement une collaboration gratuite. Présentez une offre qui profite à l'influenceur, qu'il s'agisse d'une rémunération, de produits gratuits, ou d'un partage de visibilité.

b. Rémunérer de manière juste et transparente

La rémunération des influenceurs varie en fonction de leur taille et de leur portée. Si vous travaillez avec des micro-influenceurs, des échanges de produits peuvent parfois suffire, mais avec des influenceurs plus établis, une rémunération financière est souvent nécessaire.

- **Fixer un budget réaliste** : Basez vos décisions sur la taille de l'audience, le

taux d'engagement, et la complexité du contenu demandé.
- **Discuter des attentes** : Soyez clair sur les livrables attendus (nombre de posts, stories, vidéos, etc.), les dates de publication et les clauses de confidentialité.

c. Établir une relation à long terme

Plutôt que de vous concentrer uniquement sur des collaborations ponctuelles, développez des relations à long terme avec vos influenceurs.

- **Collaborations répétées** : Les collaborations régulières permettent de renforcer la confiance entre l'influenceur et votre marque, et créent une continuité dans le message.
- **Co-création de contenu** : Impliquez l'influenceur dans la création de produits ou dans le développement d'idées de contenu. Cela permet d'augmenter l'authenticité de la campagne.

3. Créer des campagnes de collaboration mutuellement bénéfiques

Une fois que vous avez identifié et approché les influenceurs, il est temps de concevoir des campagnes qui maximiseront l'impact pour votre marque tout en offrant des avantages tangibles à l'influenceur.

a. Définir des objectifs clairs

Avant de lancer une campagne, vous devez définir des objectifs précis et mesurables.

- **Objectifs de notoriété** : Si votre objectif est de faire connaître votre marque, vous pouvez mesurer la portée et les impressions de la campagne.
- **Objectifs de conversion** : Si vous cherchez à générer des ventes ou des inscriptions, utilisez des liens traçables (UTM) ou des codes de réduction pour évaluer les résultats.

b. Proposer du contenu créatif et authentique

Laissez à l'influenceur la liberté de créer du contenu qui parle à son audience tout en mettant en avant votre marque de manière organique.

- **User-generated content (UGC)** : Encouragez les influenceurs à intégrer votre produit dans leur quotidien de manière authentique plutôt qu'une approche promotionnelle forcée.
- **Co-création de produits** : Participez à la conception d'une ligne de produits co-

brandée avec l'influenceur, offrant à son audience une exclusivité qu'ils ne trouveront pas ailleurs.

c. Utiliser les différents formats de contenu

Profitez de la polyvalence des plateformes sociales pour multiplier les points de contact avec l'audience.

- **Stories Instagram ou Facebook** : Proposez à l'influenceur de partager votre produit à travers des Stories éphémères et engageantes, incluant des sondages ou des appels à l'action.
- **Vidéos YouTube ou Reels** : Les formats vidéo sont très puissants pour montrer le fonctionnement ou les avantages de votre produit.
- **Contenu sponsorisé sur un blog** : Demandez à l'influenceur d'écrire un article sur son blog détaillant les avantages de votre produit ou service.

d. Suivre et mesurer les résultats

Une campagne de marketing d'influence ne s'arrête pas à la publication du contenu. Pour évaluer le succès et ajuster vos stratégies futures, il est essentiel de **mesurer les résultats**.

- **Utiliser des outils analytiques** : Mesurez les impressions, taux d'engagement, et conversions générées par la campagne. Des outils comme Google Analytics ou Bitly pour les liens traçables vous permettent de suivre la performance.
- **Analyser les retours** : Évaluez non seulement les chiffres, mais aussi la qualité des interactions. Les commentaires des abonnés sur le contenu sponsorisé peuvent révéler la perception de votre marque.

e. Créer un partenariat win-win

Pour que la collaboration soit véritablement bénéfique, assurez-vous que l'influenceur retire également une valeur tangible.

- **Rémunération équitable** : Offrez une compensation juste basée sur l'engagement de l'influenceur, mais aussi sur le succès de la campagne.
- **Partage de visibilité** : Faites la promotion de l'influenceur auprès de votre propre audience pour élargir sa portée.

En appliquant ces stratégies, vous pourrez maximiser l'impact de votre marketing d'influence, développer des collaborations durables et efficaces, et toucher de nouveaux publics en toute authenticité.

Optimiser votre présence sur les plateformes de partage de contenu

Maximiser votre visibilité en ligne nécessite d'exploiter pleinement les plateformes de partage de contenu telles que **Medium**, **LinkedIn**, et les plateformes vidéo comme **YouTube** et **TikTok**. Ces canaux vous permettent de diversifier votre audience, de renforcer votre autorité dans votre domaine, et d'augmenter le trafic vers votre blog. Cependant, pour tirer parti de ces plateformes, il est crucial de comprendre les spécificités de chacune et d'adapter votre contenu en conséquence.

1. Republier stratégiquement sur Medium, LinkedIn, etc.

Le **syndication de contenu** ou la republication sur des plateformes tierces est une stratégie intelligente pour donner une seconde vie à vos articles de blog tout en touchant un public plus large. Toutefois, il est essentiel de le faire de manière stratégique pour éviter les risques de duplication de contenu et pour maximiser votre portée.

a. Avantages de la republication

La republication sur des plateformes comme **Medium** et **LinkedIn** permet de :

- **Accroître votre portée** : Ces plateformes possèdent une large base d'utilisateurs actifs. Republier votre contenu vous permet d'atteindre un public que vous ne toucheriez pas via votre blog seul.
- **Renforcer votre crédibilité** : Medium et LinkedIn sont souvent perçus comme des espaces pour les experts. Y partager votre contenu peut renforcer votre position d'autorité dans votre domaine.
- **Générer du trafic** : En ajoutant des liens vers votre blog ou votre site dans les articles republiés, vous pouvez rediriger une partie de l'audience vers votre propre plateforme.

b. Comment republier sans pénalité SEO

Pour éviter les pénalités de duplication de contenu par Google, il est important de suivre certaines pratiques.

- **Utiliser la balise canonique** : Lorsque vous republiez un article sur Medium, activez la fonction "importer un article", qui ajoute automatiquement une balise canonique pointant vers l'original, indiquant aux moteurs de recherche que l'article de votre blog est la version principale.
- **Modifier légèrement le contenu** : Sur LinkedIn ou d'autres plateformes, vous pouvez republier un extrait ou une version légèrement modifiée de votre article pour éviter tout risque de contenu dupliqué. Ajoutez de nouvelles informations, changez le titre, ou proposez une version abrégée.
- **Utiliser des résumés ou des teasers** : Plutôt que de republier l'intégralité de votre contenu, créez des résumés ou des teasers qui attirent les lecteurs vers votre blog pour lire l'article complet.

c. Adapter le format à la plateforme

Chaque plateforme a ses spécificités, et il est crucial d'adapter votre contenu en conséquence.

- **LinkedIn** : Concentrez-vous sur un ton plus professionnel et engageant, tout en exploitant les articles longs et les publications courtes. Les articles de blog peuvent être republiés sous forme d'articles LinkedIn, tandis que des mises à jour régulières peuvent être utilisées pour promouvoir votre contenu de manière plus concise.
- **Medium** : Optez pour un ton plus conversationnel et personnel. Les lecteurs de Medium apprécient souvent les récits personnels et les articles d'opinion. Utilisez également les tags pertinents pour toucher une audience plus large.

2. Créer du contenu spécifique pour les plateformes vidéo (YouTube, TikTok)

Les **contenus vidéo** dominent de plus en plus l'attention en ligne. En créant du contenu spécifique pour des plateformes comme **YouTube** et **TikTok**, vous pouvez diversifier vos canaux de communication et atteindre des audiences massives, tout en améliorant l'engagement et la mémorabilité de vos messages.

a. YouTube : un levier pour le contenu long format

YouTube est idéal pour les vidéos plus longues et détaillées, telles que des tutoriels, des interviews, des études de cas, ou des analyses approfondies.

- **Optimiser vos vidéos pour la recherche** : YouTube est le deuxième plus grand moteur de recherche au monde, après Google. Pour maximiser la visibilité de vos vidéos, **optimisez les titres**, **descriptions** et **tags** avec des mots-clés pertinents. Incluez également des **miniatures accrocheuses** et des **appels à l'action** directs dans la description (liens vers votre blog, abonnements, etc.).
- **Créer des séries de vidéos** : Une série vidéo permet de garder les spectateurs engagés sur une période prolongée. Par exemple, si vous êtes un blogueur sur le marketing digital, vous pouvez créer une série expliquant en plusieurs vidéos les différentes étapes d'une stratégie marketing réussie.
- **Réutiliser le contenu de votre blog** : Transformez vos articles en vidéos. Si vous avez déjà des articles complets, créez des vidéos expliquant ces mêmes concepts avec des graphiques, des exemples, et des études de cas visuels. Par exemple, un article sur les « 10 astuces SEO » peut être transformé en

vidéo avec des captures d'écran et des tutoriels pratiques.

b. TikTok : le roi du contenu court et viral

TikTok, avec ses vidéos courtes et virales, est une plateforme puissante pour accroître la notoriété rapidement, notamment auprès d'un public plus jeune.

- **Créer des vidéos percutantes** : Les vidéos sur TikTok doivent captiver l'attention dans les **trois premières secondes**. Soyez créatif en utilisant des formats courts tels que des astuces, des tutoriels rapides, ou des vidéos "avant/après". Utilisez des **sous-titres** et des **effets visuels** accrocheurs pour maximiser l'engagement.
- **Participer aux tendances** : TikTok est fortement influencé par les tendances et les défis. En vous joignant à des tendances pertinentes pour votre secteur, vous pouvez rapidement gagner en visibilité. Assurez-vous d'ajouter des **hashtags populaires** et de rester à jour avec les dernières nouveautés de la plateforme.
- **Publier régulièrement** : La fréquence de publication est essentielle sur TikTok. Publier régulièrement, de préférence plusieurs fois par semaine, augmentera

vos chances d'apparaître dans le fil d'actualité des utilisateurs.

c. Adapter votre contenu au format vidéo

- **Adapter des articles de blog en vidéos** : Prenez un article de blog populaire et résumez-en les principaux points dans une vidéo de 2 à 3 minutes sur YouTube, ou en une série de courtes vidéos sur TikTok. Par exemple, un article sur les « Meilleures stratégies de marketing de contenu » pourrait être transformé en une série de vidéos, chacune traitant d'une stratégie spécifique.
- **Raconter une histoire visuelle** : Les vidéos doivent être engageantes et raconter une histoire. Que ce soit en montrant un processus de travail, en partageant des témoignages clients, ou en présentant des études de cas, assurez-vous que votre contenu capte l'attention de manière visuelle et émotionnelle.

3. Conseils supplémentaires pour une stratégie vidéo réussie

a. Créer des vidéos interactives

Encouragez l'engagement en posant des questions, en incitant les utilisateurs à commenter, à liker et à partager vos vidéos. Sur YouTube, vous pouvez aussi ajouter des **cartes interactives** ou des **liens** vers d'autres vidéos.

b. Mesurer les performances et ajuster

Utilisez les outils d'analyse natifs des plateformes (YouTube Analytics, TikTok Insights) pour **suivre les performances** de vos vidéos : vues, taux de rétention, clics vers votre site web, etc. Identifiez quels types de vidéos génèrent le plus d'engagement et ajustez votre contenu en conséquence.

c. Réutiliser et rediffuser votre contenu vidéo

Ne vous contentez pas de créer du contenu vidéo une seule fois. Réutilisez-le sur différentes plateformes : publiez un extrait de votre vidéo YouTube sur TikTok ou Instagram Reels, ou intégrez vos vidéos YouTube dans vos articles de blog pour enrichir le contenu écrit.

En exploitant de manière stratégique les plateformes de partage de contenu et en créant du contenu vidéo spécifique, vous renforcerez la notoriété de votre blog, attirerez de nouveaux lecteurs, et augmenterez significativement votre portée en ligne.

Exploiter le potentiel du marketing de communauté

Le **marketing de communauté** repose sur l'idée de créer une relation durable avec un groupe de personnes partageant un intérêt commun autour de votre blog. Contrairement au marketing traditionnel, il s'agit de **nourrir des échanges authentiques et de construire des liens de confiance** entre vous et votre audience. Exploiter le potentiel de ces communautés peut considérablement augmenter votre visibilité, renforcer l'engagement de votre audience et développer un groupe de fidèles qui promeut naturellement votre contenu.

1. Participer activement aux forums et groupes de discussion

Les forums et groupes de discussion, qu'ils soient sur des plateformes comme **Reddit**, **Quora**, **Facebook**, ou **LinkedIn**, sont d'excellents lieux pour établir votre expertise, interagir avec une audience ciblée et générer du trafic qualifié vers votre blog.

a. Identifier les communautés pertinentes

La première étape est de trouver des forums et groupes qui sont actifs et pertinents pour votre niche.

- **Utiliser des mots-clés pertinents** pour rechercher des communautés spécialisées dans votre domaine. Par exemple, si votre blog traite de la finance personnelle, rejoignez des groupes ou forums sur la gestion de budget, l'investissement, ou la planification financière.
- **Examiner l'activité et la qualité des échanges**. Recherchez des communautés où les membres sont actifs, posent des questions et partagent des idées constructives. Une communauté dynamique vous permet de participer aux discussions et de générer de la valeur.

b. Partager de la valeur avant tout

Pour être accepté et reconnu dans une communauté, il est important de **donner avant de recevoir**.

- **Répondez aux questions des membres** de manière informative et sincère, sans immédiatement promouvoir votre blog. Offrez des conseils pratiques, partagez des expériences, et établissez-vous comme une ressource crédible et fiable.
- **Créer des discussions autour de sujets populaires**. Vous pouvez initier des conversations en posant des questions ouvertes ou en partageant des réflexions. Encouragez les échanges en proposant des points de vue stimulants qui amènent les autres à s'impliquer.

c. Promouvoir subtilement votre contenu

Une fois que vous êtes reconnu comme un membre actif, vous pouvez commencer à promouvoir subtilement votre contenu.

- **Référencez vos articles de blog** lorsque cela est pertinent. Si un membre pose une question à laquelle vous avez répondu dans un article, vous pouvez gentiment indiquer que vous avez traité ce sujet sur votre blog, en fournissant un lien.
- **Partagez des ressources utiles**. Par exemple, si vous avez créé un guide gratuit ou une checklist qui pourrait aider

les membres du groupe, proposez-le gratuitement en échange de leur adresse e-mail pour les inscrire à votre liste d'abonnés.

d. Éviter le spam et l'auto-promotion excessive

Soyez conscient des règles de chaque forum ou groupe. Certains n'autorisent pas la promotion personnelle ou les liens directs. Il est crucial de **respecter ces règles** pour ne pas être perçu comme un spammeur et risquer d'être banni.

Favorisez l'engagement sur le long terme en interagissant régulièrement avec la communauté, même lorsque vous ne partagez pas directement vos propres contenus.

2. Organiser des événements en ligne pour engager votre audience

Les **événements en ligne** sont un excellent moyen d'engager votre audience, de promouvoir vos produits ou services, et de renforcer la fidélité des membres de votre communauté. Les webinaires, sessions de questions-réponses en direct, ateliers, et challenges sont autant de formats qui peuvent être utilisés pour créer de l'engagement en temps réel.

a. Choisir le bon type d'événement pour votre audience

Le type d'événement que vous organisez doit correspondre aux besoins et aux attentes de votre audience.

- **Webinaires** : Si vous voulez partager des connaissances approfondies sur un sujet spécifique, organisez un webinaire. Les webinaires sont parfaits pour aborder des sujets complexes et détaillés, où vous pouvez présenter du contenu visuel et répondre aux questions en direct.
- **Sessions de questions-réponses (Q&A)** : Une session Q&A en direct via Facebook Live, YouTube Live, ou Instagram peut être un excellent moyen de créer un lien direct avec votre audience. Cela permet aux participants de poser leurs questions en temps réel, renforçant ainsi leur sentiment d'inclusion.
- **Ateliers pratiques** : Organiser des ateliers où vous guidez votre audience à travers un processus, un tutoriel ou une technique est idéal pour l'engagement. Par exemple, si vous avez un blog sur la photographie, vous pouvez organiser un atelier sur l'utilisation de la lumière naturelle.

- **Challenges et concours** : Les défis (challenges) en ligne, où vous invitez votre audience à accomplir une tâche sur plusieurs jours ou semaines, sont également très engageants. Par exemple, un défi de 30 jours pour améliorer ses compétences SEO peut attirer des participants motivés qui suivront vos conseils.

b. Planifier et promouvoir l'événement

La clé de la réussite d'un événement en ligne est la **planification et la promotion**. Voici comment vous assurer que votre événement sera un succès :

- **Définir un objectif clair** pour l'événement. Que souhaitez-vous accomplir ? Est-ce une session pour partager de la valeur gratuitement, pour promouvoir un nouveau produit ou pour recruter des abonnés ?
- **Choisir la bonne plateforme**. Sélectionnez une plateforme facile d'utilisation pour vos participants. Pour un webinaire, des outils comme **Zoom**, **Webex**, ou **Google Meet** sont populaires. Pour les sessions de Q&A ou les lives, **Instagram Live**, **Facebook Live**, et **YouTube** sont des choix courants.

- **Créer une landing page dédiée** pour l'événement. Cela permettra de collecter des inscriptions et de centraliser toutes les informations liées à l'événement. Incluez un formulaire simple pour que les participants s'inscrivent.
- **Promouvoir l'événement sur tous vos canaux.** Utilisez vos réseaux sociaux, newsletter, et votre blog pour annoncer l'événement. Créez des rappels réguliers pour susciter l'intérêt. Vous pouvez également utiliser des publicités payantes pour attirer plus de participants qualifiés.

c. Engager et suivre l'audience pendant l'événement

Une fois que l'événement est lancé, l'interaction en temps réel est cruciale pour maintenir l'intérêt.

- **Encourager la participation active.** Posez des questions aux participants, invitez-les à partager leurs expériences ou à interagir via des sondages, chats ou commentaires. Plus les participants se sentent impliqués, plus ils seront enclins à revenir lors de futurs événements.
- **Répondre en direct aux questions.** Assurez-vous de répondre aux questions du public pendant ou après

votre présentation. Cela montre que vous valorisez leur participation et renforce l'interaction avec votre communauté.
- **Proposer des incitations.** Pour récompenser l'engagement, offrez des ressources gratuites ou des réductions exclusives à ceux qui ont assisté à l'événement. Cela peut inclure des e-books, des cours en ligne, ou des consultations gratuites.

d. Suivi post-événement

Le suivi après l'événement est tout aussi important pour maintenir l'intérêt et transformer vos participants en abonnés fidèles.

- **Envoyer un e-mail de remerciement** avec un résumé de l'événement, des ressources supplémentaires, et un lien vers l'enregistrement de l'événement pour ceux qui n'ont pas pu y assister en direct.
- **Proposer un contenu complémentaire** pour prolonger l'expérience. Par exemple, après un webinaire, envoyez un guide ou un article approfondi qui résume ou étend ce qui a été discuté.
- **Recueillir des retours d'expérience.** Demandez aux participants leur avis via un sondage pour améliorer vos futurs

événements et comprendre ce qu'ils ont trouvé le plus utile.

Exploiter le marketing de communauté vous permet non seulement de créer des liens authentiques avec votre audience, mais aussi de renforcer votre présence en ligne de manière durable. Que ce soit à travers une participation active dans les forums et groupes de discussion ou l'organisation d'événements en ligne engageants, ces stratégies vous aideront à fidéliser votre communauté et à attirer de nouveaux visiteurs qualifiés vers votre blog.

Conclusion : Atteindre des Sommets avec une Stratégie de Trafic Éprouvée

Le monde du blogging est en constante évolution, mais une chose reste certaine : générer du trafic qualifié est la clé pour assurer le succès et la pérennité de votre blog. Ce livre vous a fourni une série d'outils, de techniques, et de stratégies concrètes pour non seulement attirer des visiteurs, mais surtout pour les convertir en une communauté fidèle.

Du SEO à l'optimisation de contenu pour les featured snippets, en passant par l'utilisation des réseaux sociaux, du marketing de contenu, et du marketing par e-mail, chaque chapitre vous a donné des actions spécifiques et mesurables à mettre en place pour maximiser votre visibilité. L'importance de diversifier vos sources de trafic, de créer du contenu evergreen, et d'exploiter le potentiel des influenceurs et des communautés ne peut être sous-estimée.

En appliquant ces techniques avec rigueur et persévérance, vous serez en mesure de dominer les résultats de recherche, de bâtir une communauté engagée, et de transformer votre blog en une véritable machine à trafic. Rappelez-vous que chaque élément de votre stratégie doit être aligné avec vos objectifs à long terme, et que le succès vient avec la cohérence, la créativité, et l'adaptation continue aux évolutions du web.

Que vous soyez au début de votre aventure ou un blogueur plus expérimenté cherchant à aller plus loin, le voyage ne fait que commencer. Continuez à tester, à affiner et à adapter vos actions pour atteindre vos objectifs de trafic. Le succès de votre blog est à portée de main, et avec les bonnes stratégies, vous pouvez non seulement le maintenir, mais aussi le faire grandir bien au-delà de vos espérances.

www.ingramcontent.com/pod-product-compliance
Lightning Source LLC
Chambersburg PA
CBHW051535240526
45471CB00020B/2732